Titre original : *Pony Camp diaries*
Poppy and Prince
First published in Great Britain in 2006

Stripes Publishing
an imprint of Magi Publications
I The Coda Centre, 189 Munster Road, London SW6 6AW

Cct ouvrage a été réalisé par les Éditions Milan
avec la collaboration de Sophie Forgeas.
Création graphique et mise en page : Graphicat

Pour l'édition française :

300, rue Léon-Joulin, 31101 Toulouse Cedex 9, France
Loi 49-956 du 16 juillet 1949
sur les publications destinées à la jeunesse.
ISBN : 978-2-7459-3268-6
www.editionsmilan.com
Imprimé en Espagne par Novoprint

Kelly McKain

Mon poney et moi !

Pauline et Prince

Traduit de l'anglais
par Karine Guié

MILAN
jeunesse

Pour Jodie Maile et les jeunes cavaliers merveilleux du Poney-Club Goulds Green.

Ce journal intime appartient à

Pauline

Chères cavalières,

Bienvenue aux Écuries du soleil !

Les Écuries du soleil, c'est notre maison, et cette semaine, ce sera aussi la vôtre ! Mon mari Paul et moi avons deux enfants, Émilie et Jérémy, plus quelques chiens… sans oublier tous les poneys. Nous formons une grande famille !

Grâce à nos formidables palefreniers et à notre excellente monitrice, Sandra, vous profiterez au maximum de votre séjour. Si vous avez un souci ou une question, n'hésitez pas à venir nous en parler. Nous sommes à votre service, et nous tenons à ce que vous passiez les vacances les plus agréables possibles – alors ne soyez pas timides !

Votre mission consistera à veiller sur un poney comme si c'était le vôtre. Celui-ci est impatient de faire votre connaissance pour s'amuser avec vous ! Vous prendrez soin de lui, améliorerez votre équitation, apprécierez les longues promenades à cheval dans la campagne, apprendrez de nouvelles techniques et vous vous ferez des amies.

Vous aurez aussi la chance de passer une journée au ranch de Bob Western. Alors préparez-vous à lancer vos lassos, les cow-girls ! Ajoutez à cela de la natation, des jeux, des films, des barbecues et des *pony-games*, et vous voilà parties pour un moment de détente inoubliable !

Vous pourrez noter dans ce journal intime tous vos souvenirs – et croyez-moi, ils seront nombreux !

Nous vous souhaitons une merveilleuse semaine en notre compagnie !

Judith

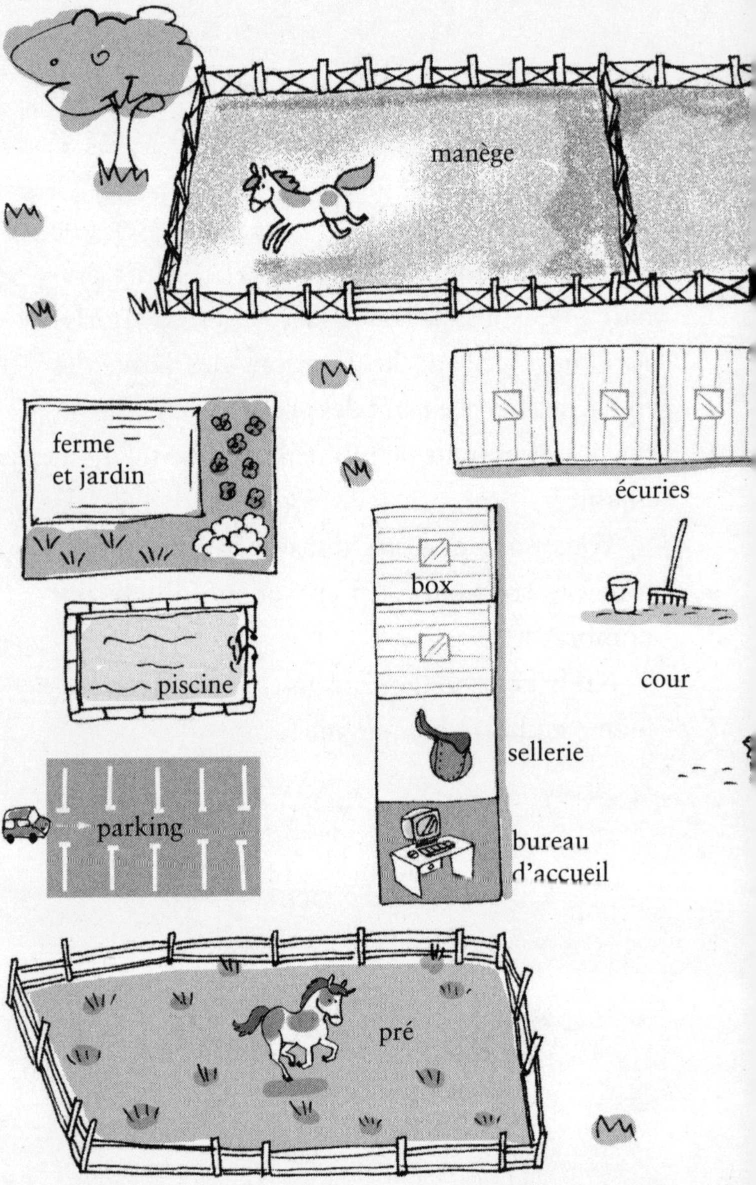
manège
écuries
ferme
et jardin
box
cour
piscine
sellerie
parking
bureau
d'accueil
pré

CENTRE ÉQUESTRE
écuries
box
hangar à fourrage
silo à granulés
grange
écuries
VERS LES PRÉS
Pauline et Prince

Lundi

Au camp d'équitation

Judith vient de me donner ce journal intime pour que j'y écrive toutes les aventures que je vais vivre aux Écuries du soleil. Je suis très contente d'être ici, cet endroit a l'air génial. Et je suis tout excitée à l'idée de refaire du cheval pour la première fois depuis des semaines. En arrivant, j'ai vu un pré rempli d'adorables poneys : je n'ai pas pu m'empêcher d'essayer de deviner lequel sera le mien ! Mais je me sens aussi très nerveuse : est-ce que j'oserai le (ou la !) monter ?

Il y a deux mois, j'ai fait une chute dans mon école d'équitation. Je participais à un concours de saut d'obstacles dans la catégorie débutants, sur mon poney préféré, Poivre. Je voulais vraiment gagner ; j'avais fait un sans-faute dans la première manche. Pourtant, dans la deuxième, je me suis trompée dans mes foulées et j'ai sauté la combinaison d'un peu trop loin. Poivre a touché l'obstacle et a failli tomber. Moi, après un vol plané, je suis rentrée tout droit dans l'une des barres qui encadrent l'obstacle. Et j'ai atterri sur mon bras dans une drôle de position. Quand je me suis relevée, il ne s'est pas bien remis – en fait, il était cassé ! J'aurais dû avoir très mal mais, sur le moment, je n'ai rien senti. Plus tard, maman m'a dit que c'était sans doute le choc qui m'avait « anesthésiée ». Quand la douleur s'est déclenchée, c'était horrible. Deux secouristes m'ont mis le bras en écharpe et m'ont sortie du manège. Maman m'a ensuite conduite aux urgences. Je n'ai bien sûr pas remonté Poivre ce jour-là. Et mon bras a mis six semaines à guérir.

Le problème, ce n'est pas vraiment la chute (je me suis remise de ma blessure) – c'est plutôt ma perte de confiance en moi. J'ai bien essayé de prendre un cours dans mon club, la semaine dernière, pour me réhabituer : malgré ma motivation, je n'ai même pas trouvé le courage de me mettre en selle. C'était atroce parce que tout le personnel, Hélène (ma monitrice) et ma mère étaient là pour m'encourager. Mais j'avais le vertige et la tremblote. J'ai fini par courir aux toilettes, en faisant mine d'avoir envie de vomir. J'y suis restée pendant une éternité en me disant que j'étais une mauviette ridicule, jusqu'à ce que maman frappe à la porte et me ramène à la maison.

Là, je suis assise sur un banc devant le bureau, à côté de la sellerie. Les écuries forment un U autour de la cour. Un magnifique (et imposant) cheval de trait est en train de me regarder d'un air interrogateur. C'est très chouette ici : il y a une piscine (j'adore la natation) et deux chiennes noires toutes mignonnes (des labradors), Clarinette et Castagnette, qui m'ont fait un gros câlin en me léchant à mon arrivée ! Alors, même si je n'ose pas chevaucher cette semaine, je pourrai certainement aider dans la cour, jouer avec les chiennes, nager, etc. – je m'amuserai quand même. Ça sera déjà super de me promener dans le centre. Et le poney qu'on va m'attribuer m'aidera peut-être à surmonter ma peur !

Je sais bien que je ne devrais pas écouter aux portes, mais j'essaie désespérément d'entendre la conversation qui se tient dans le bureau : maman m'a dit qu'elle parlerait à Sandra et à Judith de ma perte d'assurance. Cela me rend mal à l'aise, et en même temps, ça me soulage : si elles sont au courant, elles pourront me soutenir. Argh ! – je viens juste d'avoir une horrible pensée : elles pourraient affirmer à maman : « Oui oui, nous comprenons », mais ensuite s'énerver si j'ai la frousse de faire des exercices. Et si je ne peux *pas* remonter à cheval et que les autres stagiaires rient de moi ?

Oh, ce qui m'est arrivé est vraiment embêtant ! Et impossible d'arriver à me secouer !

Les choses seront peut-être plus faciles ici puisque personne ne sait comment j'étais avant mon accident. C'est bizarre de penser que chez moi, j'ai un tas de flots que j'ai remportés à des épreuves de saut d'obstacles, à des tests de dressage et à des concours complets d'une journée (dressage, saut d'obstacles et cross). Je n'avais peur de rien !

Mais il est hors de question que quelqu'un le sache aux Écuries du soleil. Sinon, on s'attendra à ce que j'aie un très bon niveau. Et pour l'instant, je serai contente d'arriver à simplement *m'asseoir* sur un poney !

Lydie, une fille très gentille, vient de me demander de l'aider à curer le sabot géant de Pirate, le cheval de trait. Si tout le monde est comme elle, mon stage devrait bien se passer. Bon, ça suffit de faire la poule mouillée ! J'ai décidé que ce centre équestre était l'endroit idéal pour remonter en selle. Et pas plus tard qu'aujourd'hui !

Toujours lundi

Avant la première leçon (hum-hum !)

Mes camarades de chambre sont descendues dans la cour – moi, je reste en haut pour vite écrire ce qui est arrivé jusqu'à maintenant.

En sortant du bureau, Sandra m'a vue en train de panser Pirate.

– Ne t'inquiète pas, Pauline. Nous allons faire en sorte que tu refasses du cheval, m'a-t-elle assuré avec un grand sourire.

Elle aussi est donc sympa (ouf !). Je lui ai demandé de ne parler à personne de ma chute ou de ma peur. Elle a promis – heureusement. Je ne veux pas qu'on ait pitié de moi.

Ensuite, les autres stagiaires sont arrivées. J'ai remercié Lydie de m'avoir laissée nettoyer les sabots de Pirate, et j'ai suivi le groupe à l'étage. Je partage ma chambre avec Jennifer, qui a des cheveux châtain roux coupés au carré, avec les bouts qui rebiquent. Sa valise est énorme (à croire qu'elle va habiter ici). En réalité, nous dormirons dans la propre chambre d'Émilie, la fille de Judith. C'est très gentil de sa part de nous la prêter. Son lit se trouve près de la fenêtre ; Jennifer et moi coucherons dans les lits superposés. J'ai laissé Jennifer choisir la couchette du haut (c'était celle que je voulais – tant pis, je préfère me faire des amies !).

Ces deux filles ont l'air chouettes, surtout Émilie. Mais il se pourrait que j'aie un *gros* problème pour garder ma chute secrète. En défaisant mon sac, je n'arrêtais pas de jeter des coups d'œil à Émilie ; *je connais cette fille*, pensais-je. Soudain, ça m'est revenu : nous avions toutes les deux participé à un concours de saut d'obstacles – et je l'avais battue ! J'espérais désespérément qu'elle ne me reconnaîtrait pas. Raté ! Elle m'a demandé :

– On s'est déjà rencontrées, Pauline, non ?

Je n'ai pas l'habitude de mentir, mais je ne savais pas quoi dire.

– Euh, non, je ne crois pas, me suis-je entendue répondre.

– Eh bien alors, tu as une jumelle qui nous a battus, Tropique et moi, à un concours ! s'est exclamée Émilie.

– Ah bon ? Ça me donne la chair de poule ! ai-je répondu en me forçant à sourire.

Par chance, on a été interrompues par Jennifer qui s'est vantée de sa fabuleuse victoire lors de son dernier concours de saut d'obstacles. On a eu droit à tous les détails. Ça semblait sensationnel (presque trop pour être réel). Elle a même déclaré qu'elle pourrait effectuer un cercle au petit galop en dressage, sur-le-champ.

– Je ne te crois pas ! s'est aussitôt écriée Émilie. Même si on est très, très douée, je pense que c'est impossible, à moins d'être une professionnelle sur un cheval spécialement entraîné !

Jennifer a paru à la fois surprise et gênée.

– Eh bien, je ne l'ai pas encore *fait* en vrai, a-t-elle marmonné, mais j'ai lu un article là-dessus dans *Poney Magazine*. Et je suppose que j'y arriverai avec un peu d'entraînement.

– Oui, bien sûr ! s'est moquée Émilie.

Elle est si calée en équitation qu'on ne peut pas lui raconter d'histoires. Argh ! – pourvu qu'elle ne découvre pas mon mensonge !

Après ça, Jennifer a pris un air méprisant. Elle s'est tournée vers moi pour me demander :

– Et toi, qu'est-ce que tu as fait jusqu'à maintenant ?

J'ai complètement paniqué.

– Oh, des choses banales, ai-je répondu. Hé, j'adore ta veste polaire, me suis-je empressée d'ajouter, pour changer de sujet.

Jennifer a insisté.

– Comme quoi ? a-t-elle demandé.

Troublée, je suis devenue toute rouge, comme quand je rêve en cours de maths et que M. Raine m'interroge.

– Euh, le pas, le trot, évidemment, un peu de petit galop et de saut d'obstacles, ai-je marmonné, le nez toujours dans mon sac.

– Oh, alors tu es… a commencé Jennifer.

– Mais je n'ai presque rien fait en saut – principalement des barres au sol, l'ai-je coupée, de peur qu'elle ne commence à me poser des questions sur les hauteurs, les combinaisons et le reste.

Indifférente, Jennifer est retournée à sa valise bourrée à craquer. Ouf ! Je crois que je l'ai échappé belle ! Bien sûr, j'avais envie de crier la vérité : « En vrai, c'est bien moi qui ai battu Émilie à ce concours. J'ai même fait du cross et j'ai participé en équipe à une compétition de dressage – voilà ! »

Oh, Judith m'appelle pour que je descende dans la cour. Il est l'heure de rencontrer mon poney (hourra !) et de voir si j'ose l'enfourcher.

AU SECOURS !

Toujours lundi

Après le déjeuner.
J'ai tant de choses à raconter !

JE SUIS REMONTÉE À CHEVAL ! Grâce à mon *fantastique* poney ! Il s'appelle Prince, et je suis déjà folle de lui.

Quand toutes les stagiaires se sont retrouvées dans la cour, Judith, Sandra et Lydie se sont présentées. (Lydie nous aidera à seller, par exemple, si on en a besoin.)

Ensuite, on a fait connaissance entre cavalières.

Amita est une jolie Indienne d'environ 15 ans. Elle partage sa chambre avec deux amies qui sont venues ensemble, Amanda et Julie. (Elles doivent avoir 13 ans.)

Puis il y a moi, Émilie et Jennifer… et enfin des plus petites : Sophie, Babette et Lucie, qui a apporté sa propre ponette, une Welsh grise. Surnommée Belle, celle-ci est petite, résistante et élégante.

Nous étions maintenant prêtes à découvrir nos poneys !

Quand Lydie a commencé à sortir les chevaux des écuries, les stagiaires se sont précipitées vers eux pour les caresser, toutes surexcitées et criant de joie. Moi aussi j'étais survoltée. Sandra m'a fait un clin d'œil en me déclarant qu'elle avait le poney idéal pour moi. Elle m'a montré mon magnifique Prince, un vigoureux poney pie à la tête adorable.

Sandra m'a tendu les rênes en me disant que Prince était patient et honnête ; il s'occuperait bien de moi.

J'ai fait un gros câlin à mon poney, je l'ai caressé, j'ai passé ma main sur sa muselière.

– Je suis très nerveuse, Prince, lui ai-je murmuré. Je n'ai pas remonté un poney depuis que j'ai fait une mauvaise chute. C'est vrai que tu seras gentil avec moi ?

Prince a collé le bout de son nez contre ma main ; j'ai su que ça voulait dire : « Oui » !

Quand Jennifer a reçu Flamme, une splendide jument alezane, elle a hurlé comme une folle – avant que Sandra ne lui dise de se calmer sinon elle allait effrayer les poneys. Flamme mesure environ 1,42 mètre et sa tête est marquée d'une jolie liste, une bande blanche. Assez agitée, elle essayait de dépasser les autres chevaux en les poussant.

– Flamme nous donne parfois du fil à retordre, a avoué Sandra à Jennifer. Je suis sûre qu'avec toute ton expérience, tu sauras t'y prendre avec elle.

– Aucun problème ! s'est exclamée Jennifer, très fière.

Une fois que toutes les filles ont reçu leurs montures, Judith a expliqué qu'aujourd'hui, les palefreniers les avaient sellées pour nous, mais qu'à partir de demain, ce serait notre travail. Amanda et Julie ont paniqué parce que, dans leur école d'équitation, c'est toujours les employés qui harnachent les chevaux. Sandra leur a dit de ne pas s'inquiéter car on aurait un cours cet après-midi et on s'entraînerait. J'ai proposé de donner un coup de main à celles qui auraient des difficultés. Sandra a trouvé que c'était très gentil de ma part. D'une voix forte, Jennifer m'a imitée – et a paru fâchée que Sandra lui réponde juste par un sourire. Jennifer est sympa, mais je commence à croire qu'elle est le genre de personne qui aime être le centre du monde. Eh bien ça ne me gêne pas, parce que ce n'est pas mon cas !

Tandis que les autres filles faisaient la queue pour le montoir (le banc nous permettant d'enfourcher nos poneys plus facilement), j'ai un peu tourné en rond de façon à être la dernière. Quand ça a été mon tour, je me suis surprise à tripoter le tapis de selle de Prince, qui était pourtant parfaitement positionné. C'était comme si j'avais des sabots à la place du cœur, tant celui-ci cognait dans ma poitrine. Je me sentais très mal. J'avais l'impression que tout le monde me regardait. J'ai dû me convaincre que c'était impossible, puisque seul le personnel du centre était au courant de ma chute. Pendant un moment, j'ai voulu lâcher les rênes de Prince, retourner à toute vitesse dans ma chambre et me cacher sous ma couette. Mais j'ai repensé à ma détermination de ce matin : je m'étais promis de me remettre en selle. Puis Prince a frotté sa tête contre moi ; c'était sa façon à lui de m'encourager. J'avais un poney splendide et gentil ; il fallait que j'y arrive !

Juste à ce moment-là, Lydie est venue vers moi, un grand sourire aux lèvres.

– Allez, à cheval, Pauline, a-t-elle lancé gaiement. Je reste tout près de toi. Prince n'ira nulle part.

Elle a pris les rênes ; j'ai grimpé sur le montoir. Je me sentais toujours aussi mal, mais je savais que je devais essayer. J'ai inspiré à fond, j'ai chaussé un pied dans l'étrier, j'ai pris appui sur mon autre jambe et soudain, après deux rebonds, j'étais en selle !

– Bravo ! s'est exclamée Lydie. Ça ira ?

J'ai hoché la tête et elle est partie aider Babette à vérifier sa sangle.

Sauf qu'ensuite, il m'est arrivé une chose très embarrassante. Pendant que j'ajustais mes étriers, Prince s'est mis à avancer et a suivi le groupe dans le manège. Ça n'avait rien de grave – pourtant, j'ai paniqué, et avant même de m'en rendre compte, j'ai crié : « Sandra ! »

Tout le monde s'est retourné et m'a dévisagée. Je suis devenue rouge comme une tomate ; j'avais envie de rentrer sous terre. Sandra est venue me rassurer : je devais rester calme, elle me surveillerait, et je pourrais toujours faire confiance à Prince. Elle a ensuite demandé à Lydie de tenir mon poney avec une longe. Je me suis sentie mieux – tant pis si Jennifer me regardait avec étonnement.

Je me suis habituée peu à peu au rythme lent de Prince. Puis j'ai compris qu'il fallait le talonner un pas sur deux pour qu'il continue d'avancer. Il ne risquait pas de me faire traverser la carrière à toute allure – ouf ! Alors seulement, j'ai commencé à me détendre.

On a travaillé le pas et les arrêts pendant un moment, et j'ai retrouvé mes sensations d'avant. Mais quand Sandra a annoncé qu'on allait prendre le trot, je me suis complètement crispée. Je n'ai pas voulu serrer les flancs de Prince avec mes jambes.

– Reste détendue, Pauline, m'a conseillée Lydie. Tu te débrouilles très bien. Tu peux toujours prendre les rênes d'une main et te tenir au pommeau si tu n'es pas rassurée.

J'ai eu les larmes aux yeux. Quand je les ai fermés pour ne pas me mettre à pleurer, j'ai vu dans un flash tous les flots accrochés sur un mur chez moi. *Il est hors de question que je me tienne à la selle !* ai-je décidé. J'ai raccourci mes rênes, j'ai inspiré à fond et j'ai donné des jambes, déterminée à essayer le trot. Prince a fait une bonne transition, mais je me suis raidie et j'ai cafouillé, levant les mains en l'air !

– Relax, Pauline ! Tes jambes disent : « Allez ! », mais tes mains disent : « Stop ! »

Toutes les filles ont gloussé (même moi !) ; ça m'a détendue un tout petit peu. Quand j'ai enfin obtenu un joli trot enlevé, je me suis sentie très bien. C'était incroyable d'avoir accompli tant de choses en une seule leçon, même si c'était avec une longe. Sandra m'a dit que je pourrais détacher mon poney cet après-midi. Devant ma mine apeurée, elle a ri et a ajouté que tout irait bien. Je pourrais bien sûr reprendre la longe à tout instant, si je le souhaitais.

Quand on a dessellé dans la cour, j'ai été aux petits soins avec Prince. Je lui ai chuchoté à l'oreille :

– Merci d'avoir veillé à ma sécurité et d'avoir été si persévérant. Peut-être que la prochaine fois, on sera capables de travailler sans longe !

J'adore Prince – il est magnifique. Sandra avait raison : c'est bien le poney idéal pour moi !

Toujours lundi

Après le dîner (poulet, pommes de terre en robe des champs et haricots verts – miam-miam !)

Émilie et Jennifer sont de corvée de rangement, alors j'ai la chambre pour moi toute seule – enfin presque ! Tout compte fait, je suis contente d'avoir eu le lit du bas car Castagnette aime se coucher dessus – j'ai moins d'efforts à faire pour la déposer par terre.

Cet après-midi, on a aidé à enlever les crottins de la litière des écuries et à remplir les seaux d'eau. C'est si génial de s'occuper d'une cour de nouveau ! Puis Judith nous a fait une leçon sur le harnachement. On s'est entraînées sur le poney de Julie, Charme, un beau Connemara gris. Quand Sandra nous a interrogées sur les différentes parties de la selle, j'ai levé la main sans arrêt. Contrairement aux autres, je connaissais même le nom des choses les plus difficiles, comme le petit quartier et l'anneau.

Je m'amusais vraiment; j'étais de nouveau la Pauline-folle-des-poneys d'avant. Sophie, la petite fille blonde qui monte Mousson, s'est étonnée que je sois si calée pour une débutante!

J'ai encore rougi et je me suis mise à transpirer. Je n'avais jamais réellement dit que j'étais débutante ! Les stagiaires le croient juste parce que j'ai travaillé à la longe ce matin! J'ai bafouillé avant de marmonner que je lisais des tonnes de livres sur les chevaux.

Ensuite, nous avons étudié les parties du filet. Cette fois-ci, j'ai fait attention à ne pas répondre à trop de questions. Judith m'a regardée avec insistance quand personne n'a su nommer les différentes muserolles. Mais j'ai fait mine d'arranger ma botte gauche. Elle savait bien que je me retenais – elle est si gentille qu'elle n'a rien dit.

C'était super de seller Prince toute seule – on aurait cru qu'il était réellement à moi.

Ensuite, Judith m'a demandé d'aider Babette et son poney Mini. J'ai montré à Babette la technique du pouce-dans-le-coin-de-la-bouche-du-poney pour mettre le mors, car ça lui faisait peur. (Mini est un sacré petit coquin !)

– Avec de l'entraînement, tu y arriveras, ai-je assuré à Babette. Il y a juste un tour de main à prendre.

Puis je me suis rappelée que je passais pour une débutante, alors j'ai vite ajouté :

– Enfin, c'est ce que j'ai appris dans les livres.

Quand je suis retournée chercher Prince pour le mener au montoir, il m'a regardée d'une drôle de manière. C'était comme s'il pensait que j'aurais dû dire la vérité à Babette et à Sophie sur mon niveau.

– Je ne suis pas en train de mentir, Prince, lui ai-je murmuré. C'est juste que je ne veux pas qu'on attende trop de moi – pas au moment où je reprends confiance !

Il a reniflé et a poussé ma main avec son nez – il me comprenait.

Pour le cours de l'après-midi, on m'a mise dans le groupe A. J'ai aussitôt deviné qu'il était réservé aux débutantes puisque Émilie et Amita étaient dans le groupe B (Jennifer aussi). Sandra a expliqué qu'on irait toutes en balade ensemble. Mais pour l'apprentissage, il serait ainsi plus facile de nous apporter à chacune toute l'attention dont nous avions besoin, afin de nous permettre de réaliser le plus de progrès possible.

Pendant la leçon, je me suis efforcée de lever la tête et de baisser les mains. J'avais très envie de demander une longe. Mais, à la place, j'ai respiré à fond plusieurs fois et j'ai fait avancer Prince en lui donnant des petits coups de talon. J'ai vite été beaucoup plus à l'aise. Pourtant, quand on a pris le trot, je n'ai pas pu m'empêcher de lever les mains et de me crisper. Sandra m'a conseillé de simplement faire confiance à Prince.

Ça m'a aidée à me détendre un peu ; j'ai trouvé mon rythme et j'ai pris le trot enlevé. D'abord au pas et au trot, on a travaillé les cercles et les courbes autour de cônes. Puis Sandra a proposé de faire un tour de piste au galop. Complètement paniquée, je m'en suis sentie incapable – après tout, lorsque j'étais tombée de cheval, je galopais ! Sophie, qui est une vraie débutante et qui vient juste d'arriver à faire le trot enlevé, n'était pas partante non plus.

Sophie et moi n'avons pas bougé quand Sandra a demandé aux volontaires de lever la main. Elle nous a souri, nous a dit qu'il n'y avait aucun problème et nous a suggéré de conduire nos poneys au milieu du manège pour regarder les autres. Lucie a très bien galopé sur Belle, sauf qu'elle a un peu vacillé en revenant au trot. Ensuite, c'est *Mini* qui a fait galoper *Babette* autour de la piste ! Celle-ci s'est effondrée en avant et a juste réussi à rester cramponnée à la crinière de son poney. Sandra l'a quand même félicitée pour son excellente prestation ! Sophie, un sourire jusqu'aux oreilles, m'a lancé :

– Moi, j'essaie la prochaine fois, c'est sûr. Pas toi, Pauline ?

– Euh, oui, oui, ai-je répondu.

Pour être honnête, je ne m'imagine plus jamais galoper, tant cette allure est rapide et terrifiante. Je suis si fâchée d'être une poule mouillée – ça ne me ressemble pas du tout, mais c'est plus fort que moi.

En sortant du manège, Sandra a donné une petite tape à Prince pour le féliciter et m'a dit que je me débrouillais bien.

– Mais je n'ai même pas pris le petit galop, ai-je ajouté l'air abattue.

– Pauline, ce n'est que le premier jour ! s'est exclamée Sandra, amusée. Tu ne travailles plus avec la longe et tu trottes bien, alors que tu ne t'attendais pas à pouvoir te mettre en selle ! Tu ne vas pas tarder à retrouver ton niveau. Ne sois pas si dure avec toi-même !

J'ai hoché la tête et je lui ai souri. En ramenant Prince dans la cour, j'allais beaucoup mieux. Ça n'a pas duré longtemps : quand Jennifer est arrivée avec son groupe, elle a annoncé qu'elles avaient galopé sans les étriers. Et elle a demandé aux filles de mon groupe ce que nous, nous avions fait.

Survoltées, Lucie et Babette lui ont répondu qu'elles aussi avaient galopé. Moi, j'ai dû avouer que non. Jennifer a semblé me prendre en pitié et a dit bien fort :

– Ne t'inquiète pas, Pauline. De toute façon, ça m'étonnerait que Prince sache ce que c'est, le petit galop. Il est tellement mou. Je suis sûre que ce n'était pas ta faute.

Je n'en revenais pas qu'elle prononce ces paroles juste devant mon beau poney. Ça ne m'a pas plu du tout, alors j'ai rétorqué d'un ton sec :

– Il n'est pas mou, il est doux ! Il galoperait si je le lui ordonnais. C'est juste que, euh, je n'avais pas envie aujourd'hui, c'est tout.

– Bon, *désolée*, j'essayais simplement d'être gentille ! a répondu Jennifer, vexée, avant de mener Flamme dans son écurie.

J'ai fait un gros câlin à Prince et lui ai conseillé d'ignorer Jennifer.

– Ce n'est pas ta faute si on n'a pas galopé, c'est la mienne, lui ai-je murmuré. Je suis sûre que tu en avais très envie ! J'essaierai la prochaine fois, promis.

Maintenant, il faut à tout prix que je galope, parce que Prince attend ce moment avec impatience !

Oh, chouette ! C'est l'heure de notre activité du soir : natation. Voilà au moins une chose que je n'ai pas peur de faire !

Mardi, 7 h 11

Déjà réveillée. J'écris tandis que les autres dorment toujours !

Qu'est-ce qu'on s'est amusées dans la piscine, hier soir ! D'abord, le père d'Émilie, Paul, a organisé des jeux rigolos comme le relais et les « bouées musicales » (l'équivalent des chaises musicales mais dans l'eau !). Ensuite, on a fait ce qu'on a voulu. Émilie, Jennifer et moi avons plongé dans le fond de la piscine pour ramasser des pièces. Jennifer remontait toujours à la surface bredouille, en crachant. C'était drôle, car au départ, elle s'était vantée d'être le capitaine de l'équipe de natation de son école ! Émilie gloussait et chantait : « Oh, la menteuse, elle est amoureuse ! » Je m'y suis mise moi aussi mais Jennifer n'a pas apprécié qu'on se moque d'elle, elle est devenue toute rouge et s'est fâchée. Alors on a arrêté. *Et si Émilie découvre que moi aussi je suis une menteuse ?* ai-je pensé. J'étais encore mal à l'aise de ne pas avoir reconnu être la fille du concours de saut d'obstacles.

Par chance, Jennifer a cessé de bouder. Après l'extinction des feux, Émilie, Jennifer et moi avons ri en racontant à voix basse des blagues idiotes. Du coup, j'ai en quelque sorte oublié à quel point Jennifer avait été embêtante en début de soirée. On aurait même cru qu'on était toutes les trois copines depuis très longtemps. C'est pourquoi, après leur avoir fait jurer de ne rien dire à personne, je leur ai révélé la vérité : je m'étais cassé le bras, j'avais perdu mon assurance quand j'avais tenté de remonter Poivre la semaine dernière, et pour finir, je connaissais Émilie. Je lui répétais sans arrêt : « Désolée, désolée, désolée ! » Mais elle a juste rigolé, ce n'était pas grave – elle comprenait. Ouf !

– Tu n'as pas de jumelle qui donne la chair de poule, alors ? a-t-elle demandé pour me taquiner.

– Non ! me suis-je exclamée en riant et en rougissant.

Le seul ennui, c'était que Jennifer semblait penser qu'elle aurait été en forme après une telle chute. (C'est là que je me suis rappelée qu'elle est bel et bien énervante !)

– Tu aurais dû remonter aussitôt, Pauline, a-t-elle affirmé à plusieurs reprises. C'est ce qu'on dit, hein ? Remonter dès que possible. C'est ce que moi je ferais si je tombais.

Émilie a fait remarquer qu'elle ne pouvait pas savoir avec certitude comment elle se comporterait dans le même cas. Malgré tout, Jennifer continuait d'insister.

– Mais j'ai essayé, ai-je gémi. Je ne m'attendais pas à réagir comme ça. Quand j'avais mon plâtre, j'étais très impatiente de refaire du cheval. Pourtant, quand le moment est venu...

Je n'ai même pas eu la force de terminer ma phrase ; j'étais vexée que Jennifer me traite de mauviette. Soudain, j'ai eu envie de voir maman. Mais j'ai retrouvé un peu de gaieté en repensant à Émilie, si gentille et si compréhensive. Et aussi parce que j'ai pris dans mes bras Gaufrette, ma licorne en peluche.

Oh, le réveil d'Émilie vient de sonner. Il faut que j'y aille – il est l'heure de commencer une nouvelle journée merveilleuse avec les poneys. Pourvu que je tienne la promesse que j'ai faite à Prince au sujet du galop !

Mardi

Après le déjeuner, assise sur un banc dans la cour

Oh là là ! La matinée a été horrible ! Elle avait pourtant bien commencé car nous avons récupéré nos poneys dans le pré et mon joli Prince est tout de suite venu me voir à la barrière ! Il est si mignon ! Ensuite, on les a attachés dans la cour, où Sandra et Lydie pouvaient nous voir. Nous nous sommes mises à bavarder en même temps qu'on pansait les chevaux. C'est à ce moment-là que tout a dégénéré : j'ai soudain remarqué que les filles se faisaient des messes basses entre elles. Je croyais que ça arriverait jusqu'à moi. Eh bien, non.

J'ai souri à Jennifer. Elle m'a souri à son tour, mais n'est pas venue me chuchoter quelque chose à l'oreille, ce qu'elle venait juste de faire avec Sophie et Lucie. Je me suis donc mise à discuter avec Sophie, qui nettoyait les baquets à nourriture sous le robinet.

– J'espère vraiment qu'on va essayer le galop aujourd'hui, lui ai-je dit. Ça va être génial, hein ?

Son regard furieux m'a beaucoup choquée.

– Comment as-tu pu faire mine d'être une débutante comme moi, alors que tu as déjà galopé des tonnes de fois ?! a-t-elle lâché.

Je l'ai regardée traverser la cour comme un ouragan. Puis j'ai compris. C'était de *moi* que parlaient les filles ! Jennifer avait dévoilé mon secret !

J'ai commencé à avoir mal au cœur ; je me suis sentie toute vide et bizarre. Comment avait-elle osé ?

Je me suis approchée de Jennifer d'un air décidé.

– Tu m'avais promis de ne rien dire ! me suis-je écriée.

Je savais que les autres stagiaires m'observaient et tendaient l'oreille, mais je m'en fichais. J'étais trop en colère pour être gênée.

– Je voulais juste t'aider, a-t-elle répondu d'un ton neutre. Maintenant que tout le monde est au courant, on peut toutes te soutenir.

– Eh bien, merci, ai-je sifflé, mais ce n'est pas la question, tu vois ? Tu avais *promis* de garder mon secret.

Jennifer s'est mise à brosser l'épaule de Flamme, l'air occupée. J'étais si furieuse que j'ai dû me retenir de lui arracher l'étrille de la main.

– Je ne sais pas pourquoi tu en fais toute une histoire, a-t-elle dit avec désinvolture. Et d'ailleurs, je crois vraiment que tu devrais te secouer et galoper aujourd'hui. Il faut que tu retrouves ton niveau, sinon tu perdras toutes les compétences qui t'ont demandé tant de travail. Sandra est bien trop indulgente avec toi.

Je n'en revenais vraiment pas ! Mon cœur battait si fort que je sentais ses pulsations dans mes oreilles. J'ai eu envie de courir voir Émilie, mais elle était occupée à rattraper ses devoirs de vacances. Je me suis donc précipitée vers Prince, l'ai détaché et emmené de l'autre côté de la cour. On s'est arrêtés près de Charme et

Marin, les poneys de Julie et d'Amanda, et je me suis mise à le panser.

– Ça va ? m'a demandé Julie.

Ma gorge s'est serrée ; j'ai juste fait : « Oui » de la tête. Je préférais ne pas parler, au cas où j'éclaterais en sanglots.

– Ne t'occupe pas de Jennifer, a ajouté Amanda. Elle voulait juste t'aider.

Mes yeux se sont remplis de larmes, alors je me suis vite détournée, faisant mine d'avoir repéré de la boue sur la jambe avant de Prince.

– Elle n'essaie pas *juste* de m'aider, ai-je dit à Prince, comme je démêlais avec peine les nœuds de sa crinière broussailleuse. Elle essaie aussi de gâcher mes vacances !

Prince m'a regardée avec compassion – il comprenait. J'étais déterminée à ne pas laisser faire Jennifer. Mais quand nous avons grimpé sur le montoir, prêtes pour notre première leçon, Sophie a demandé à Sandra si je ne devrais pas plutôt aller dans le groupe B.

J'avais envie que le sol s'ouvre et nous engloutisse, Prince et moi !

Rouge comme une écrevisse, j'étais dans tous mes états. J'ai tenté de faire comme si je n'entendais pas Sandra qui répondait que je me débrouillais très bien là où j'étais.

En me dépassant pour aller rejoindre son groupe, Jennifer m'a dit de ne pas m'inquiéter : personne ne me prenait pour une mauviette. C'était juste que tout le monde me plaignait. J'ai commencé à rétorquer que je ne *voulais* pas qu'on me plaigne, mais elle était déjà partie au trot.

Après ça, j'ai été obsédée par les paroles de Jennifer : je *devais* galoper. Plus le cours avançait, plus j'étais anxieuse. Le moment venu, Sandra a de nouveau demandé s'il y avait des volontaires. Toute enthousiaste, Sophie a déclaré qu'elle allait essayer. J'ai dit : « Moi aussi », mais soudain les larmes ont ruisselé sur mon visage.

– Pauline, ce n'est pas un problème si tu ne galopes pas ! s'est exclamée Sandra en me souriant gentiment.

– *Il faut* que je galope aujourd'hui, ai-je insisté en ravalant mes larmes. Ou je vais perdre toutes les compétences que j'ai apprises et je ne retrouverai jamais mon niveau !

– Qu'est-ce que c'est que ce discours dramatique ? a demandé Sandra. C'est vraiment ce que tu crois ?

– Euh, je… Enfin, c'est ce que Jennifer pense, ai-je avoué.

Je m'attendais à ce que Sandra me gronde. Au lieu de ça, elle a éclaté de rire.

– Eh bien ! Je croyais que c'était moi la monitrice d'équitation, ici. J'ai dû me tromper : apparemment, c'est Jennifer !

J'ai gloussé ; Sandra est redevenue sérieuse.

– Fais les choses seulement lorsque tu seras prête, Pauline, a-t-elle ajouté. Et, je te le répète, fais confiance à Prince. Si tu es détendue, si tu crois en toi et s'il comprend ce que tu demandes, il essaiera toujours. C'est un merveilleux poney.

J'ai ébouriffé la crinière de Prince.

– Je sais, ai-je reconnu. J'aimerais bien qu'il m'appartienne en vrai, comme ça je pourrais l'emmener chez moi après le camp.

– Oh, sûrement pas, a objecté Sandra en lui caressant l'épaule. Tu ne partiras pas avec lui. Il a une mission importante à accomplir aux Écuries du soleil : aider les cavaliers à se remettre en selle. Tu l'aimeras toujours, j'en suis convaincue, mais tu n'auras pas toujours besoin de lui.

J'ai hoché la tête. Pourtant, je n'ai pas cru Sandra une seconde. Je ne peux chevaucher que le patient et parfait Prince. Il est impossible que je sache me débrouiller avec un autre poney. Je frissonne rien qu'à l'idée de remonter le fougueux Poivre !

Sandra a conduit Prince au milieu du manège. J'étais la seule stagiaire à observer les autres, mais après ce que Sandra m'avait dit, ça ne me gênait pas tellement.

Oh, super ! Il est l'heure de se préparer pour les cours de l'après-midi ! Même si je ne peux pas galoper, ça va être chouette de m'occuper de Prince !

Mardi

Avant le dîner

J'AI GALOPÉ !

Ce n'était pas parfait, mais au moins je l'ai fait !

Cet après-midi, après que Babette et Lucie ont parcouru la piste au galop, Sophie les a imitées. Elle a très bien réussi. Quand mon tour est venu, elle m'a souhaité bonne chance. Ça m'a rassurée de savoir qu'elle n'était plus en colère contre moi. Pourtant, mes mains tremblaient ; je me sentais mal. Je me suis forcée à prendre le trot enlevé, puis je me suis rassise quand j'ai atteint le coin du manège. Mais je n'ai pas utilisé mes jambes pour demander le galop, alors bien sûr, je ne l'ai pas obtenu.

– Ce n'est pas grave, a crié Sandra. Redescends le grand côté debout et réessaie au prochain coin…

J'ai suivi son conseil. Arrivée à l'angle suivant, je me suis assise sur la selle, et cette fois, j'ai glissé ma jambe extérieure vers l'arrière. Prince a fait la transition, mais aussitôt, j'ai paniqué ; je me suis crispée. Je me suis agitée dans tous les sens, les mains trop hautes et les pieds qui se balançaient en avant. J'ai cru que j'allais encore tomber. Le pauvre Prince ne savait pas quoi faire, avec tous les signaux contradictoires que je lui envoyais. Alors il a « mangé » le coin du manège et est revenu au trot.

– Bien essayé, Pauline, m'a félicitée Sandra. Bon, je pense qu'on va s'arrêter là !

Voilà, c'est tout. Mon galop n'était pas très soigné, et il n'a duré que quelques secondes, mais j'ai bel et bien galopé ! Bien sûr, je ne suis pas près de reprendre les concours de saut d'obstacles, mais c'est un début !

Ensuite, nous avons eu un cours sur l'anatomie du cheval – les marques, les couleurs, la conformation, ce genre de choses. Nous avons joué à un jeu très amusant : l'équipe 1 décrivait un poney imaginaire à l'équipe 2, qui devait choisir parmi des cartes présentant des couleurs et des taches celles qui convenaient. Toutes les filles se comportaient de nouveau normalement avec moi. Et Jennifer, plus discrète que d'habitude, avait l'air un peu penaude.

J'ai l'impression que Judith a eu une discussion avec les stagiaires avant le déjeuner, pendant que j'étais aux toilettes. Quand on a dû se mettre par deux pour aller répertorier les différentes marques que portaient les chevaux des Écuries du soleil, Sophie m'a attrapé la main en disant : « Preum's ! Je suis avec Pauline ! » Ça m'a fait très plaisir.

Je n'ai toujours pas reparlé à Jennifer. Et elle ne m'a pas reparlé non plus – mais au moins, ce n'est plus comme si le groupe entier était contre moi.

Mardi

Au lit, après l'extinction des feux

Je me sers de la lampe de poche d'Émilie pour voir la page de mon journal. Je voulais juste écrire en vitesse que Jennifer et moi, on se reparle.

Ce soir, quand on a joué au tennis de table, Paul m'a mise en équipe avec Jennifer. D'après moi, c'était une façon détournée de nous réconcilier.

Au début, j'ai fait mine de m'être foulé la cheville pour ne pas avoir à jouer. Mais au bout d'un moment, je me suis prise au jeu (j'ai parfois un esprit de compétition très développé, selon maman !). À la fin, j'ai oublié que j'étais fâchée avec Jennifer. Puis, quand Judith nous a apporté des boissons, on s'est de nouveau adressé la parole.

Bien sûr, c'est surtout Jennifer qui a parlé : d'habitude, elle était très douée en ping-pong. Ce soir, elle avait moins de réussite – ce n'était pas la bonne sorte de table. Au moins, cette conversation valait mieux qu'un silence glacial. Je ne lui ai pas exactement pardonné, mais si je continue à lui faire la tête, ça risque de me gâcher mes vacances. En tout cas, je ne lui confierai plus jamais de secret !

Demain, nous irons dans un vrai ranch rencontrer Bob Western, qui nous enseignera l'équitation western. Je ne connais pas cette discipline – je pense que ce sera super ! Il est l'heure de dormir maintenant, pour être prête à devenir une cow-girl !

Mercredi, 11 h 10

Dans le minibus qui nous conduit au ranch (yi-hah !)

Après les soins aux chevaux et un cours sur l'alimentation et la gestion des écuries, c'était l'heure de monter dans le minibus. Le mieux, c'est que deux poneys des Écuries du soleil viennent avec nous, car ils ont été entraînés à l'équitation western. Il y a Marin, le poney d'Amanda, et… PRINCE !

Aucune d'entre nous n'a jamais monté dans le style western, alors on est toutes survoltées. Jennifer vient de déclarer qu'elle avait vu une émission de télé à ce sujet – elle se prend donc bien entendu pour une grande spécialiste. Et elle est en train d'effrayer les plus jeunes en leur disant que nous devrons attraper d'énormes vaches au lasso en allant au grand galop ! Émilie a éclaté de rire : c'était faux – elle était allée au ranch très souvent. Bon, j'arrête d'écrire car Jennifer jette des coups d'œil par-dessus mon épaule.

Mercredi Soir

Assise sur mon lit

Quelle journée fantastique ! En plus, j'ai fait du « galop lent » (l'équivalent western du petit galop) ! J'ai proposé de me doucher la dernière pour pouvoir remplir mon journal intime. Je veux absolument tout noter avant d'oublier le moindre détail, car l'équitation américaine, c'était GÉNIAL !

Tout comme Bob Western ! À ma grande surprise, il ressemblait à un cow-boy ! Il portait une chemise à carreaux, un jean, des chaps (des guêtres) toutes usées, avec des franges sur les côtés, sans oublier un chapeau ! Il avait même l'accent américain.

Il s'est d'abord présenté, avant de nous demander nos prénoms. Ensuite, il nous a expliqué le déroulement de la journée : discussion sur l'équitation western, leçon, barbecue et *pony-games* western. De quoi nous mettre l'eau à la bouche !

Nous sommes allées dans la grange : les poneys et les chevaux étaient dans leurs stalles. Judith et Lydie ont fait sortir Marin et Prince du fourgon. Bob nous a montré, à Amanda et à moi, où les mettre. Grâce à sa magnifique robe pie, Prince allait à merveille avec les poneys du ranch ! Ensuite, Bob nous a montré l'équipement qu'on utilise en équitation western, et comment seller un adorable Appaloosa prénommé Nickel. Doté d'incroyables sabots rayés, il était très gentil. Bob nous a appris que les Appaloosas avaient d'abord été élevés par les Indiens d'Amérique – Nickel vient donc du Far West !

Puis, quand Bob nous a montré comment fixer la selle, il a eu un échange amusant avec Jennifer. Il a expliqué :

– Ensuite, on attache la gorgette.

– Vous voulez dire la sous-gorge, l'a corrigé Jennifer – aussi simplement que ça.

– Non, la gorgette, a confirmé Bob avec un pétillement malicieux dans les yeux. C'est le terme qu'on emploie en équitation western, comme j'viens d'vous l'dire à toutes !

Jennifer a pris son petit air dédaigneux – elle aime que les gens pensent qu'elle connaît tout.

Ensuite, deux par deux, on a joué à un jeu super, appelé « Dégaine ta réponse ! » : Bob désignait les parties de la bride et de la selle, et il fallait être la première à donner leurs noms en équitation western. Moi, je jouais contre Émilie, qui faisait mine de dégainer des pistolets à chaque question, et répondait avec un accent américain. À la fin, on était tellement pliées de rire qu'on a dû abandonner.

Ensuite, ce fut l'heure de seller nos poneys. Bob a apporté un équipement spécial pour Prince, qu'il a laissé pendre sur les grilles de la stalle.

– Waouh, c'est incroyable que votre harnachement aille parfaitement à Prince, me suis-je étonnée.

– Eh bien, je vais te faire une confidence, m'a dit Bob en souriant. Prince vivait ici avant d'aller aux Écuries du soleil. Nous sommes de vieux copains, n'est-ce pas, l'ami ? a-t-il lancé en caressant l'encolure de Prince.

Mon poney a reniflé gaiement – il aime Bob autant que moi.

Il y en avait donc au moins un parmi nous qui s'y connaissait en équitation américaine – ouf !

Les selles étant vraiment très lourdes, nous nous sommes mises par deux pour les balancer par-dessus le dos de nos montures.

Je croyais qu'on porterait des chapeaux de cow-boy comme Bob, mais nous avons dû mettre nos habituelles bombes que nous avions apportées avec nous. Nous étions prêtes à monter et à avancer !

C'était très chouette : au lieu d'être divisées en deux groupes, nous étions toutes ensemble, parce que nous étions *toutes* débutantes en équitation western.

On a commencé par aller au pas, en apprenant la nouvelle manière de s'asseoir et les différentes aides (les ordres donnés au poney par la voix, les jambes ou les mains). L'étrier semblait plus grand et plus large que d'habitude. Et comme dans ce style d'équitation, on les règle très bas, j'avais l'impression que mes jambes étaient droites. La conduite du cheval aussi est bizarre : on utilise les rênes d'encolure – au début, aucune d'entre nous n'y est arrivée. On n'est pas censé tirer sur le mors, on appuie juste les rênes sur l'encolure du cheval pour le faire tourner. Il faut aussi les tenir d'une seule main, mais puisque nous débutions, on s'est servies de nos deux mains. Malgré tout, on faisait n'importe quoi car on croisait trop les rênes. Résultat, nous avons fini entortillées sur nos selles, à tirer sur la bouche de nos poneys. Les seules à réussir étaient Amanda, qui semblait faite pour ça, et Émilie, bien sûr, qui avait déjà pratiqué ce style d'équitation. Mais les poneys étaient adorables (comme toujours, Prince a été une star), et nous avons fini par comprendre la technique.

Puis Bob nous a demandé de descendre de cheval pour revérifier nos sangles, appelées sous-ventrières. Nous avons toutes lentement posé les pieds par terre l'un après l'autre parce que, à cause de la forme bizarre de la selle (le troussequin est très haut), il est impossible de sauter du cheval en balançant la jambe au-dessus de sa croupe. Pourtant, c'est ce qu'a tenté de faire Jennifer – elle est restée coincée à mi-chemin !

Tout le monde a rigolé ; elle a semblé très vexée.

– Je croyais que tu étais une spécialiste de l'équitation western, Jennifer, a raillé Julie. C'est ce que tu as dit dans le minibus.

Jennifer s'est finalement dégagée de sa selle et a mis pied à terre.

– Oui, bon, ça, c'est un autre genre d'équitation western, a-t-elle marmonné.

J'ai vu Bob sourire à Judith d'un air entendu, mais il n'a rien dit. Je l'ai apprécié encore plus.

Ensuite, nous nous sommes entraînées au « trot lent » assis qui, comme son nom l'indique, ressemble au trot assis, mais en plus lent. Ça m'a beaucoup plu ; je ne rebondissais pas sur ma selle, comme les pauvres Sophie et Babette ! Et puis, je me sentais très en sécurité entre le troussequin élevé et la corne sur le pommeau. Bob a déclaré que j'avais une bonne assiette – une bonne position en selle – et m'a demandé de montrer au reste du groupe comment faire. Tout le monde m'a applaudie – j'ai rougi une fois de plus, mais là, c'était de bonheur.

(Plus tard, Judith m'a dit que mes années d'expérience s'étaient vues. J'y ai pensé toute la journée, et je ne peux pas m'empêcher de sourire – je suis sur un petit nuage !)

Puis, emportée par mon enthousiasme, je n'ai pas attendu que Bob finisse sa phrase : j'ai tout de suite levé la main quand il a demandé s'il y avait des volontaires… pour essayer le « galop lent », l'équivalent western du petit galop !

À mesure que Bob nous expliquait comment passer du « trot lent » au « galop lent » (ce qui revient à peu près à demander le petit galop), je devenais de plus en plus nerveuse. J'ai essayé de croiser le regard de Judith. Je sais qu'hier, j'ai réussi à galoper sur quelques foulées, mais je manquais toujours de confiance en moi – surtout en présence de Jennifer.

Tout à coup, celle-ci m'a montrée du doigt en disant :

– Excusez-moi ! Pauline ne pourra pas effectuer cet exercice parce qu'elle est tombée et…

Bob a levé la main pour l'interrompre. Il est venu vers moi et a caressé Prince. Judith a demandé aux autres d'avancer tandis que Bob et moi avions une discussion.

– Pauline, je suis convaincu que tu peux le faire, a affirmé Bob. Tu as une excellente assiette et tu t'entends si bien avec Prince ! Détends-toi, tu verras que le reste viendra tout seul. Tu veux essayer ?

J'ai inspiré à fond et j'ai hoché la tête.

Bob a souri.

J'ai rejoint la file des autres cavalières. Personne ne réussissait le « galop lent » du premier coup ; ça m'a rassurée. Quand mon tour est venu, j'ai pris le « trot lent » assis en m'efforçant de me relaxer. Puis, arrivée au coin, j'ai donné mon ordre, et soudain, c'est arrivé : j'ai pris le galop (enfin, le « galop lent » !).

Je me sentais à l'aise et en sécurité dans la selle western, et je suivais les mouvements de Prince. Il semblait savoir exactement où aller, ça n'a donc pas été un problème de le conduire. Quand j'ai terminé, j'ai regardé Bob, qui m'a fait un clin d'œil rieur ! Nous avons encore réalisé deux tours de piste avant la fin de la leçon. J'ai adoré chaque seconde.

Pour le déjeuner, nous avons eu droit à un délicieux barbecue : saucisses et haricots, accompagnés d'un plat (curieux et pas très bon) composé de biscuits secs et de sauce au jus de viande, que les cow-boys mangeaient autrefois. Puis nous sommes remontées en selles pour faire des jeux à poney. Et devinez quoi ? Amanda et Julie étaient capitaines et elles m'ont voulu *toutes les deux* dans leur équipe !

On a joué à la course de tonneaux (slalom autour de trois tonneaux disposés en triangle), puis à un jeu de relais où il faut ramasser des drapeaux. J'étais si occupée à me concentrer sur la conduite façon western, à zigzaguer autour des barils et à attraper les fanions que je n'ai même pas pensé que je faisais du « galop lent ». Je galopais, c'est tout !

Et ça m'a fait très plaisir qu'Amanda me fasse courir contre Émilie : elle me trouvait sans doute du même niveau qu'elle et me croyait capable de la battre. Je n'aurais jamais cru travailler si bien cette semaine – et tout est grâce à Prince !

J'ai eu tant de chance qu'on me le confie !

De retour aux Écuries du soleil juste avant l'heure du dîner, j'ai supplié Judith de me laisser sortir Prince du fourgon et de le mener au pré. Quand nous avons été seuls, je lui ai fait un gros câlin, en le remerciant d'être un poney aussi fabuleux. Je lui ai avoué que, sans lui, je serais encore terrifiée de simplement trotter ! C'était grâce à lui que j'avais progressé !

Rempli de fierté, Prince a rejeté sa crinière en arrière !

C'est super : pour nous féliciter de notre travail au ranch, on nous a remis des rubans fixés à des épingles à nourrice. J'ai accroché le mien sur mon pyjama. Je le porterai aussi demain, pour me donner le courage de continuer à galoper !

Oups, Judith vient juste d'entrer dans ma chambre : toutes les filles ont pris leur douche et sont descendues depuis longtemps. Si je ne me dépêche pas, je vais manquer mon chocolat chaud. Donc, je file !

Toujours mercredi soir

Après l'extinction des feux

Une fois de plus, j'écris ces lignes avec la lampe d'Émilie !

Après le chocolat, Amanda et Julie nous ont rejointes dans notre chambre. On a discuté de l'équitation western. Mes copines m'ont encouragée ; elles ont trouvé que j'avais très bien monté aujourd'hui. Au lieu de me sentir gênée, j'étais contente qu'elles soient si gentilles. En fait, je ne sais pas pourquoi j'avais si peur de parler de ma chute. Je regrette de ne pas avoir été honnête dès le début. (Mais je refuse de le reconnaître devant Jennifer !)

Ensuite, Julie et Amanda ont demandé à Émilie si Jérémy (son grand frère) avait une copine ! Émilie a répondu d'une voix très forte :

« Non, mais ça va pas la tête ?! » On a toutes éclaté de rire (sauf Jennifer qui, pour une raison ou une autre, avait un air un peu méprisant).

Le fait de parler de Jérémy m'a rappelé mon frère Luc, et mes parents. Je suis très impatiente de les revoir vendredi, lorsqu'ils viendront assister aux *pony-games*. Pourvu que les progrès que j'ai faits aujourd'hui se voient toujours quand je remonterai sur une selle classique ! Mais je crois que tant que j'aurai mon merveilleux Prince avec moi, tout ira bien !

Après le départ d'Amanda et Julie, et l'extinction des feux, on n'a pas chuchoté en faisant les imbéciles comme les autres soirs. Car Jennifer a lâché d'un ton boudeur :

– Eh bien, je ne vois pas pourquoi on s'est embêtées à apprendre le style américain. Ça ne nous aidera pas à améliorer notre équitation classique.

– Bien sûr que si ! me suis-je exclamée. Ça m'a été très utile pour retrouver ma confiance en moi et…

– Parle moins fort ! a murmuré Émilie.

– Désolée, me suis-je excusée. Et puis, Jennifer, il n'y pas que la compétition et les progrès qui comptent. On peut aussi juste s'amuser. Comme avec les *pony-games* !

– Ne sois pas si stupide, Pauline, a lancé Jennifer en reniflant. Les jeux à poney, ça va être 100 % de compét'. Mais bon, Prince est si lent que tu ne remporteras aucune course. Alors c'est peut-être mieux si tu n'y participes que pour le plaisir.

Ses paroles m'ont rendue malade. Cette fois, je savais qu'elle *voulait* me faire de la peine.

– Jennifer, qu'est-ce qui ne va pas ? ai-je demandé, mais elle avait déjà sauté de son lit et était partie dans la salle de bains, l'air irrité.

– Ne fais pas attention à elle ! m'a murmuré Émilie. Elle est contrariée parce que Lucie et Amanda, ses idoles, n'ont félicité que toi. Elle est jalouse !

Quand Jennifer est revenue, j'ai tenté de maîtriser ma voix pour lui dire :

– Si tu es mon amie, tu devrais être contente que je me débrouille mieux maintenant.

Je m'attendais à ce qu'elle s'excuse aussitôt – au lieu de ça, elle s'est tournée vers moi et a sifflé :

– D'abord, tu t'es servie de ta chute pour que tout le monde ait pitié de toi. Et aujourd'hui, tu es une sorte de spécialiste de l'équitation western !

Je n'en croyais pas mes oreilles !

– C'est faux ! Je ne voulais pas qu'on me plaigne ! me suis-je écriée. Je ne voulais même pas qu'on l'apprenne. Et c'est *toi* qui en as parlé aux autres ! Et c'est aussi *toi* qui t'es fait passer pour une experte de l'équitation américaine, pas moi !

– Chut ! a murmuré Émilie.

– Cessez de faire du bruit, les filles ! a crié Judith du bas de l'escalier.

Jennifer est restée muette. Elle s'est retournée dans ses draps en soufflant et en faisant trembler son lit. Au bout d'un moment, je ne l'ai plus entendue – elle avait dû s'endormir. Émilie aussi. J'étais épuisée, mais impossible de fermer l'œil – j'étais obnubilée par cette dispute.

Je déteste me fâcher avec les gens, même quand ce n'est pas ma faute. Heureusement, maintenant que j'ai tout raconté dans mon journal, ça va beaucoup mieux. Il est hors de question que je redevienne amie avec Jennifer – pas après ce qu'elle m'a dit.

Bon, je vais l'oublier, fermer les yeux et penser à mon adorable Prince.

Jeudi

En pause

Ce matin, nous avons eu un cours sur la sécurité routière, puis nous avons préparé nos poneys à partir en promenade. Il fait un temps chaud et magnifique. Je souhaite vraiment en profiter, mais je suis aussi nerveuse : ce sera ma première sortie depuis ma chute.

En sellant Prince, je lui ai chuchoté à l'oreille que j'étais inquiète. J'ai senti qu'il me promettait de ne pas s'enfuir avec moi au grand galop, ni de me faire tomber dans un buisson ou quoi que ce soit. Je resterai quand même près de Sandra et Émilie pour qu'elles puissent m'aider si je panique. Et j'éviterai Jennifer parce que je ne suis *plus* son amie après l'incident d'hier soir.

Jeudi, 21 h 45

Après l'extinction des feux

J'ai essayé de remplir mon journal depuis le début de la soirée mais j'étais de corvée de vaisselle. Ensuite, on a regardé un film et maintenant, c'est l'heure d'aller au lit ! Je n'arrive pas à croire que c'est ma dernière nuit ici, ni ce qui s'est passé pendant la sortie aujourd'hui !

Quand nous avons quitté la cour, j'étais devant, juste derrière Amanda et Marin. Sandra chevauchait en tête et Lydie fermait la marche. Jennifer se trouvait quelque part derrière moi – je m'efforçais de ne pas penser à elle et de me concentrer plutôt sur la promenade.

J'avais très peur d'avancer sur la route, malgré nos gilets fluorescents et la file indienne que nous formions. J'ai tenté de me rappeler les conseils de Bob Western – se détendre, être à l'écoute de son poney. Puis je me suis enfoncée dans la selle et me suis calmée. Malgré tout, j'ai été très soulagée quand on a tendu le bras pour tourner dans un chemin.

Alors que nous trottions, Prince était plus alerte que jamais – je savais qu'il s'amusait. On a même galopé jusqu'en haut d'une colline. C'était génial parce que je suivais son rythme et lui faisais confiance. Je ne me disais pas : *Baisse les mains, tiens-toi droite* ou quoi que ce soit. C'était naturel.

Comme nous longions un bois magnifique, Sandra s'est approchée de moi pour me dire que j'avais très bien monté cette semaine. J'avais donné mon maximum ; je m'étais remise sur les rails. Elle était très fière de moi, comme le serait aussi ma famille.

J'ai souri en pensant à papa, maman et à Luc qui me verraient aux *pony-games*. J'ai remercié Sandra, en ajoutant que tout était grâce à Prince; je n'y serais jamais arrivée sans lui. Je suis certaine que Prince m'a comprise car il a reniflé très fort et a secoué la tête. Sandra et moi avons éclaté de rire !

– Disons que vous formez une équipe formidable, a-t-elle gloussé.

Évidemment, Jennifer était en train d'écouter notre conversation. Et après que j'ai dit combien Prince était super, elle a ajouté :

– Oui, si on aime la lenteur.

– Eh bien, c'est mon cas, ai-je assuré fermement, oubliant que je lui faisais toujours la tête.

– Tant mieux, a répondu Jennifer. Mais si tu veux continuer à t'améliorer, Pauline, il te faudra relever plus de défis. Comme moi. D'ailleurs, je crois que je suis devenue trop grande pour Flamme.

– Excuse-moi, est intervenue Sandra en éclatant de rire. Qui est la monitrice, ici ? Pauline se débrouille très bien. Quant à toi, Flamme peut encore t'apprendre de nombreuses choses.

– Mais je trouve tout facile, a fanfaronné Jennifer. Par exemple, je parie que je pourrais franchir cet obstacle.

Elle a indiqué un tas de rondins en bordure du bois. Je croyais que c'était encore juste une de ses vantardises – jusqu'à ce qu'elle donne un coup de talon à son poney et qu'elle s'envole vers la pile de bouts de bois !

– N'y pense même pas, a crié Sandra. Tu ne sais pas ce qu'il...

Jennifer prenait déjà le galop et conduisait Flamme vers l'obstacle.

– Reviens ici, a ordonné Sandra.

Jennifer n'a rien écouté. Elle s'est dirigée droit vers les rondins, talonnant Flamme. Celle-ci s'est précipitée dessus et quand elle a sauté, Jennifer s'est penchée en avant de façon très théâtrale. Flamme a touché le rondin du dessus, qui a roulé par terre, entraînant les autres avec lui. Complètement terrifiée, la pauvre ponette a trébuché en se réceptionnant ; Jennifer a atterri par terre, sur le cou. Horrifiées, nous avons regardé Flamme s'enfuir au galop dans le bois, ses rênes traînant sur le sol.

Émilie a sauté de Tropique pour aller tenir le cheval de Lydie, pendant que celle-ci s'élançait après Flamme. En un clin d'œil, Sandra a couru vers Jennifer, qui n'a ni bougé ni gémi ni grogné quand Sandra l'a examinée. D'après ma propre expérience, je savais que si elle ne réagissait pas, c'était à cause du choc. Puis, tout à coup, elle s'est levée et a frotté ses vêtements avec la main, s'efforçant de sourire.

Nous avons toutes soupiré de soulagement.

Sandra, elle, était furieuse.

– Tu n'as même pas vérifié ce qu'il y avait de l'autre côté, ni si le tas de rondins était stable, hein ? a-t-elle crié. Tu m'as délibérément désobéi ! Tu as eu une chance incroyable de t'en sortir avec juste des bleus, Jennifer. Tu aurais pu te briser le cou !

– Je savais ce que je faisais, a commencé Jennifer. J'ai juste...

– Tu as mis ta ponette en danger, et à présent, elle s'est échappée dans les bois, a crié Sandra.

Quand elle s'est enfin rendu compte de ce qu'elle avait fait, Jennifer a piqué une crise de larmes un peu exagérée.

Sandra est restée à la fixer, les bras croisés, le regard noir.

Mais – par chance ! – Lydie est sortie d'entre les arbres en conduisant Flamme ! Voyant que la ponette allait bien, Sandra s'est un peu radoucie.

– J'espère que ça te servira de leçon, a-t-elle dit à Jennifer d'un ton sévère. Maintenant, tu te remets en selle et nous rentrons au centre.

Lydie a mené Flamme à Jennifer et lui a tendu les rênes, mais Jennifer a reculé.

– Je ne peux pas ! s'est-elle exclamée.

– Jennifer, tout était ta faute, pas celle de ta ponette, a soupiré Sandra. Maintenant, s'il te plaît, remonte.

Jennifer a d'abord pleurniché, puis s'est mise à sangloter en secouant la tête.

– Je ne peux pas, a-t-elle répété. En tout cas, pas sur elle !

Ensuite, il s'est produit une chose horrible : Jennifer s'est retournée et m'a dévisagée d'un air dur.

– Je veux chevaucher Prince ! a-t-elle gémi.

Je me suis penchée en avant et me suis agrippée à la crinière de Prince.

– Pas question, ai-je répondu. Il est à moi !

– Tu peux prendre Tropique, a proposé Émilie à Jennifer. Je vais monter Flamme.

J'ai croisé le regard d'Émilie et lui ai souri pour la remercier. Je savais qu'elle faisait ça pour que je puisse conserver Prince. Mais Sandra a dit :

– C'est gentil, Émilie, mais je ne pense pas que ton adorable petit voyou conviendrait bien à Jennifer en ce moment.

Sandra m'a observée, espérant que je changerais d'avis, mais j'ai secoué la tête. Comment pouvait-elle me demander ça ?

Jennifer s'est remise à sangloter ; j'ai serré très fort l'encolure de Prince. Je ne pouvais pas l'abandonner – c'était tout simplement impossible ! Mais j'ai vu dans les yeux de Jennifer une vraie peur : Flamme la terrifiait. Elle avait été horrible avec moi, pourtant je savais combien il était important de remonter aussitôt après une chute. J'ai passé une main sous mon gilet de protection pour sentir mon ruban gagné à l'équitation western – ça m'a en quelque sorte donné du courage. Et l'instant d'après, j'ai déclaré :

– D'accord, tu peux monter Prince – juste pour le chemin du retour.

J'ai tendu les rênes à Jennifer qui m'a remerciée en reniflant. Sandra a articulé en silence : « Merci. » Mais le plus dur restait à faire : chevaucher Flamme ! Après tout, elle fait bien 10 cm de plus que mon Prince. Et elle ne s'appelle pas Flamme que pour sa robe brun rougeâtre lustrée – elle a aussi un tempérament de feu ! Comment allais-je pouvoir la maîtriser ? Allais-je encore complètement paniquer ? D'horribles visions me donnaient le tournis.

Sandra m'a fait la courte échelle et j'ai ajusté les étriers. J'ai respiré à fond plusieurs fois et je me suis bien enfoncée dans la selle. Nous nous sommes remises en marche et avons bientôt pris le trot. Flamme était très impatiente ; elle semblait avoir totalement oublié son faux pas. J'ai dû la contrôler avec mes demi-arrêts (en utilisant le poids de mon corps pour reprendre son attention), m'appliquer à garder une bonne assiette et serrer fort les jambes contre ses flancs. Puis je me suis mise à paniquer : et si elle s'emballait et s'enfuyait ? Je l'ai fait suivre Prince de très près, en sachant que ce n'était pas lui qui l'encouragerait à foncer comme une fusée ! Malgré tout, Flamme ne cessait de tenter de s'échapper ; elle me mettait vraiment à l'épreuve. Je me rappelle m'être dit que, même si elle frimait, Jennifer devait être bonne cavalière pour avoir su si bien manier Flamme pendant la semaine.

Au bout d'un moment, ma ponette a paru se calmer ; je me suis détendue. *J'y arrive, je suis en train de monter un autre poney – et ça va !* pensais-je en moi-même. Nous sommes arrivées à un endroit où le chemin montait. Sandra nous a demandé si nous étions toutes partantes pour un galop. Elle m'a surtout regardée, moi, et je me suis surprise à faire « oui » de la tête. J'avais vraiment envie d'essayer, même si je n'étais pas sur mon fidèle Prince.

Et hop ! Nous voilà parties ! Flamme s'est élancée à fond, allant même jusqu'à courir au grand galop. Elle a dépassé tout le monde à part Lydie sur Éclair, son alezan crins lavés.

– Ça va ? m'a demandé Lydie alors que j'arrivais à sa hauteur dans un grondement de sabots.

– Oui ! ai-je répondu, sincère.

Quand nous sommes revenues dans la cour, Jennifer s'est approchée de moi pour qu'on échange nos poneys. Et il est arrivé une chose incroyable : elle s'est excusée !

– Tu n'étais pas obligée de me prêter Prince, a-t-elle ajouté. Surtout après mon comportement d'hier soir. Je te remercie énormément, Pauline. Maintenant, je comprends ce que tu as ressenti après ta chute. C'est très effrayant !

J'aurais pu rester fâchée contre elle, mais j'étais de très bonne humeur après mon incroyable petit galop (enfin, je peux même dire grand galop !). Alors, je lui ai répondu que ce n'était pas grave.

Donc, en une seule journée, je me suis réconciliée avec Jennifer, j'ai chevauché un autre poney que Prince, j'ai fait une sortie dans la nature où j'ai pris le petit (et grand !) galop. Maintenant, il est temps que je m'endorme car demain auront lieu les *pony-games*. Je voudrais déjà y être !

Vendredi

Chez moi, après le dîner
et un long bain

C'est si bizarre de me retrouver dans ma chambre. Mes nouvelles amies me manquent beaucoup – même Jennifer. Et surtout Prince, bien sûr. Mais au moins, j'ai une photo de lui, que j'ai posée contre ma lampe. Dès demain matin, j'achèterai un cadre. Maintenant, je vais raconter les choses absolument incroyables qui se sont passées aujourd'hui pendant les *pony-games*, pour ne jamais les oublier !

Nous étions en train de préparer nos poneys. Comme il y avait aussi un concours de toilettage des chevaux et de tenue des cavaliers, on brossait nos montures comme des folles et on astiquait notre sellerie. Jennifer est venue me proposer de monter Flamme pour courir deux ou trois courses – ainsi, j'irais assez vite pour remporter au moins un prix.

Le fait qu'elle rabaisse encore Prince m'a de nouveau énervée. Mais je me suis souvenue que c'était sa façon à elle de m'aider. Alors j'ai donné une grande caresse à Prince et j'ai remercié Jennifer : cela m'était égal de rentrer bredouille. Je voulais juste chevaucher avec plaisir mon merveilleux Prince.

Jennifer a haussé les épaules et m'a répondu :

– C'est comme tu veux, mais la seule chose qui compte, c'est la victoire, tu sais !

Je me suis contentée de sourire, et me suis mise à frotter avec la brosse dure les boulets de Prince (les parties de la jambe situées au-dessus des sabots). Avant, j'étais du même avis que Jennifer, mais j'ai changé, surtout après ce que Prince et Bob Western m'ont appris.

– En vrai, moi, je crois que le plus important c'est de bien s'entendre avec son poney et de s'amuser, ai-je déclaré à Jennifer.

– D'accord, Pauline, s'est-elle esclaffée. Si c'est ce que tu penses. Peux-tu me passer la graisse à sabots ?

C'était bien d'être de nouveau amie avec elle. Elle continuait à dire des choses ennuyeuses, mais on aurait dit que ça m'ennuyait moins qu'avant – c'est bizarre, hein ?

Une fois préparés, les poneys étaient tous splendides, dans des styles différents. Belle avait une douzaine de rubans fixés à sa queue, et Amanda avait dessiné un damier sur la croupe de Marin. Quant à Amita, elle avait fait d'incroyables pions (de minuscules « chignons ») sur la crinière de Rubis. Moi, j'ai laissé Prince au naturel. Il est un peu costaud pour porter des tresses. Et de toute manière, au fond, c'est un cheval du Far West, pas un poney de spectacle ! Alors je me suis contentée de le panser de la tête aux sabots, et j'ai fait briller sa robe avec un chiffon humide et un soin traitant. Je n'ai pas pu résister à enrouler des rubans autour de son frontal (la partie de la bride placée sur son front), mais j'ai choisi des rubans bleus et verts. Il était donc très élégant, sans avoir l'air d'une ponette.

Papa, maman et Luc sont venus me trouver dans la cour quand je faisais la queue devant le montoir. Maman m'a demandé si j'avais passé une bonne semaine. Elle était étonnée de ne pas avoir reçu un seul coup de téléphone depuis lundi. Elle espérait que c'était bon signe. J'ai répondu en riant que c'était un très bon signe – elle allait voir !

Avant le début des jeux, Paul a jugé le concours de beauté. Il a attribué le premier prix à Sophie et Mousson, qui le méritaient vraiment : avec sa crinière entièrement tressée et sa queue recouverte de rubans, Mousson était splendide ! Amanda et Marin sont arrivés deuxième, Amita, troisième. Je savais que Prince s'en fichait de ne pas être placé – ce n'est tout simplement pas son truc d'être bien pomponné.

Les *pony-games* étaient géniaux – j'ai remporté la deuxième place au slalom. Sans aucune peine, Jennifer est arrivée première dans le « jeu des chaussettes », qui consiste à ramasser des chaussettes et à les déposer dans un seau aussi vite que possible. Connaissant la rapidité de Flamme, c'était certain qu'elle gagnerait. Amanda a remporté le test d'adresse, en effectuant en une minute douze « toupies » (des tours complets sur elle-même, en passant une jambe après l'autre par-dessus l'encolure et la croupe). Sophie a été complètement trempée dans la « pêche à la pomme » : comme elle n'arrivait pas à attraper une pomme avec sa bouche, elle a fini par enlever sa bombe et a plongé la tête dans le seau d'eau. Même si tout le monde avait fini et regagné la ligne de départ, elle persévérait. Quand elle a enfin réussi, elle a remis sa bombe, a enfourché son poney et rejoint les autres, ses cheveux mouillés dégoulinant sur son visage. Heureusement pour elle que le concours de beauté avait eu lieu avant !

Ces jeux terminés, on a fait une pause pour boire et manger des biscuits. Je discutais avec Émilie quand Jennifer s'est approchée de nous.

Elle m'a félicitée pour ma prestation au slalom ; je lui ai dit bravo pour le « jeu des chaussettes ». Je suis si contente qu'on s'entende bien de nouveau. Puis Amanda et Julie sont venues me demander si Luc avait une copine. Alors que je répondais : « Non, mais ça va pas la tête ?! », Émilie s'est écriée : « Hé, je croyais que c'était *Jérémy* que vous aimiez ?! »

Elles se sont regardées puis ont répondu d'une voix perçante : « Oui... LUI AUSSI ! », avant de s'éloigner en riant sottement. Pour être honnête, il est impossible que je devienne obsédée par les garçons comme ça. Je préfèrerai toujours les poneys !

Ensuite, on s'est remises en selle pour le dernier concours : la puissance (une épreuve de saut en hauteur). Tandis que nous formions une file dans la carrière, j'ai touché mon ruban que j'avais fixé à ma veste de compétition. Je ne me serais jamais crue capable de sauter cette semaine. Mais j'ai dû rassembler tout mon courage pour ne pas partir en courant – il était hors de question que je déclare forfait !

Le premier saut, c'était un minuscule croisillon que j'aurais franchi les yeux fermés avant ma chute. Aujourd'hui, pourtant, j'étais aussi nerveuse que les débutantes qui n'avaient sauté que quelques barres posées au sol. Lydie les a conduites à l'obstacle, puis mon tour est arrivé. Je suis allée lentement, faisant l'approche au trot et utilisant mes jambes pour demander le galop à Prince juste sur les dernières foulées. Il a plutôt enjambé les barres. Pour les autres, ça n'était pas extraordinaire – pour moi, si ! À en croire leurs visages stupéfaits, papa et maman pensaient la même chose.

Soudain, la puissance est devenue plus qu'un simple petit jeu : je voulais vraiment gagner. Dans chaque manche, je suis restée aussi concentrée et motivée que je l'aurais été à un concours officiel.

Babette a été éliminée la première sur Mini, suivie de Sophie et de Julie. Dans la troisième manche, Jennifer a renversé la barre. Deux manches plus tard, il n'y avait plus qu'Émilie, Amita et moi en course. Nous n'en avons pas cru nos yeux quand, après une mauvaise approche, Amita a envoyé la barre voler dans le décor ! Il ne restait donc plus qu'Émilie et moi !

Tandis que Sandra repositionnait la barre, Émilie m'a lancé avec un grand sourire :

– Nous revoilà l'une contre l'autre ! La dernière fois, c'est toi qui m'as battue. Mais tu ne me battras pas cette fois-ci !

– On parie ? lui ai-je demandé en lui rendant son sourire.

Nous avons toutes les deux franchi la barre suivante. Alors, Sandra l'a encore montée : elle était maintenant presque à un mètre ! L'ambiance était très tendue, les spectateurs nous encourageaient – j'entendais papa crier : « Allez, Pauline ! » Tropique est plus petit que Prince mais c'est un sauteur plus intrépide, les deux poneys se valaient donc à peu près. Tout ce qui comptait maintenant, c'était nos compétences – et notre sang-froid.

J'ai pris le galop la première et me suis dirigée droit vers le milieu de l'obstacle. J'ai conservé une allure régulière, puis j'ai éperonné Prince à la dernière minute, en l'incitant à donner un petit plus. Et bien sûr, fidèle à lui-même, Prince m'a obéi… et nous avons franchi la barre !

La mine sombre, l'air déterminé, Émilie a fait tourner Tropique et s'est élancée vers l'obstacle. Elle a bien sauté mais Tropique, en se réceptionnant, a laissé une jambe légèrement en arrière et a renversé la barre ! J'ai regardé fixement la barre au sol – il m'a fallu un moment avant de comprendre ce que cela signifiait. Prince et moi avions gagné !

Papa, maman et Luc sont devenus complètement fous, alors que Luc est en général plutôt du genre amorphe ! Émilie est venue me féliciter. Quand nous nous sommes penchées sur nos poneys pour nous serrer la main, elle a ajouté :

– Ma troisième tentative sera la bonne, tu verras. La prochaine fois qu'on se rencontrera, gare à toi !

– Parce qu'il y aura une prochaine fois ? ai-je demandé.

– J'espère bien, si tu reprends les concours de saut d'obstacles.

Je lui ai souri ; je savais que je recommencerais la compétition.

Puis, ce fut l'heure de rentrer à la maison. Ça peut sembler étrange, mais j'étais très triste de dire au revoir à Jennifer. Nous n'habitons pas du tout la même région ; je ne la reverrai donc sans doute jamais. En revanche, ça ne m'a pas dérangée de quitter Émilie – je la retrouverai certainement très bientôt à un concours – où je la battrai, si je m'y prends bien !

Les Écuries du soleil ne sont pas si loin que ça, je pourrais peut-être même rendre visite à Prince. C'est ce que je lui ai annoncé en lui disant au revoir. Ça lui a redonné un peu de joie (même s'il était très triste que je parte). Je lui ai touché les oreilles et lui ai murmuré en lui ébouriffant la crinière :

– J'ai retrouvé ma confiance et c'est grâce à toi, Prince. Tu es le poney le plus gentil, le plus patient que j'aie jamais rencontré. Je ne t'oublierai jamais !

Je n'aurais pas cru que je dirais ceci, mais Jennifer avait raison (sur une chose, en tout cas) : je suis prête à relever d'autres défis. Je pensais vraiment ne pouvoir monter que Prince, mais je me suis bien débrouillée sur Flamme. Et aujourd'hui, je suis impatiente de retourner dans mon centre équestre pour apprendre de nouvelles choses et chevaucher différents poneys, y compris Poivre ! Et même si Prince va beaucoup me manquer, je suis contente qu'il reste aux Écuries du soleil, prêt à aider la prochaine personne qui aura besoin de lui.

Mille mercis au gourou du poney,
Janet Rising, et à tous les membres
du centre équestre d'Ealing.
Kelly McKain

Dans la série

Mon poney et moi

Manon et Polisson

Pauline et Prince